Fantastiques, Étranges et Étonnants Insectes

Fantastiques, étranges et Étonnants Insectes

Monique et Frédéric Louis

Louis Monique & Fils

Copyright  2019 Louis Monique & Fils

Tous droits réservés.

ISBN : 978-2-9602390-1-0

Fantastiques, Étranges et Étonnants Insectes

Louis Monique & Fils

Ce livre est inspiré des excellents :
"Des Insectes fantastiques" Éditions des Deux Coqs d'Or Paris 1974-Par Jane Carruth et une partie des belles illustrations de Peter Barret.
Autres sources : neotropicalbutterflies.com
national geographic.com
sciencepost.fr
insectes-net.fr
Pinterest.fr
futura-sciences.com
endemia.nc
Flirck.com
wikipedia.org
CreativeCommons.org
passion-entomologie.fr
wikimedia.org
Crédits photo : Liveinternet
Andreas Trepte / www.photo-natur.de
Igor Siwanowicz photo.net
Canelle57/lejardindeLucie.fr

INTRODUCTION

Ah, les insectes ! Saviez-vous qu'il n'y a pas si longtemps ils étaient à eux seuls, plus nombreux que tous les animaux de la terre ? Aujourd'hui, on doit absolument les préserver car hélas, les agissements humains tendent à les exterminer... Et pourtant ! Comme tout être vivant, ils font grandement partie de la chaîne de la vie. Nous savons à présent que les insectes forment les premiers maillon de la chaine alimentaire... Il est primordial d'en prendre conscience une fois pour toutes, nous que tout dérange. Après quoi, nous les voyons tout-à fait différemment ! Ils sont nos alliés. Et voyez comme ils sont magnifiques !
Dans cet ouvrage, nous avons voulu vous présenter une infime sélection d'insectes étonnants tant par leurs formes que par la capacité de mimétisme dont certains sont dotés.

Les entomologistes (savants étudiant les insectes) en découvrent sans cesse depuis le temps des temps et en découvrent encore de nouvelles espèces. La majorité des insectes mènent une vie si discrète que nombre d'entre nous en ignore leur existence.

D'une incroyable diversité, ils ont cependant certaines caractéristiques en commun comme leur corps, qui se compose toujours de trois parties principales ; tête, thorax, abdomen. Le nombre de pattes varie, le nombre de paire d'ailes aussi. Certains ne possèdent aucune aile. Certains émettent des sons, d'autres pas du tout. Les diverses espèces sont plus ou moins prolifiques. Devinez qui tient toujours le record absolu de fécondité ? Le couple de mouches !Un couple peut produire jusqu'à 860 000 millions de femelles et mâles en un an.

Saviez-vous que les insectes étaient déjà présents sur le globe depuis plus de 300 millions d'années ?

Découvrez quelques-uns des insectes à apparences fantastiques, inquiétantes, incroyables et magnifiques.

Louis Monique & Fils

Table des matières

Titres	Pages
Decticelle Splendide Eupholidoptera Chabrieri	1
Insecte Rameau Ectatosoma Tiaratum	2
Pseudophyllide Roxelana	4
CRIQUET Caelifera	5
Fourmi Soldat Cephalote Texanus	6
Fulgore à Queue de Cire Lystra	7
Punaise à pattes en forme de feuilles Coreidae	8
Courtilière ou Taupe-Grillon Gryllotalpa gryllotalpa	9
Sauterelle des cocotiers Pseudophyllanax Imperialis	10
Le Frelon Vespa Crabo	11
Dynaste Hercule des Antilles Dynastes Hercules	12
Uranie Crésus Chrysiridia Croesus	13
La Mante Gongylus Gongylodes	14
Callithée Callitarea	15
Les étonnants Membracidés	16

Fantastiques, Étranges et Étonnants Insectes

Papillon géant dit de la Reine Alexandra Troides Alexandrae 19

Coccinelle noire à deux points
Coccinellidae Adalia Bipunctata 20
Bête à Bon Dieu

BRINTHIDAE
AMORPHOCEPHALUS 21

Cerf-Volant Girafe
Cladognathus Giraffa 22

Abeille Orchidées
Euglossini 23

Phyllie
Phyllium 24

Scarabée doré (Resplendens)
Chrysina aurigans 25

Abeille géante de Wallace
Megachile Pluto 26

Sphinx Tête de Mort
Acherontia Atropos 27

L'Éphémère
Ephemeroptera 28

Cétoine des Tropiques
Cherlorrhina Polyphemus 29

Papillon hermine blanche 30
Cerura Erminea

Le Moro Sphinx ou Sphinx Colibri 31
Sphinx du caille-lait ou oiseau-mouche
Macroglossum stellatarum

Rhysse Femelle 32
Rhyssa Persuasoria

La Mante Orchidée, splendeur de la nature 33
Hymenopus Coronatus

Louis Monique & Fils

Fourmi Panda — 34
Euspinolia militaris

Laternaria Candelaria — 35
Pyros Candelaria

Mouche Scorpion — 36
Panorpa Communis

Moustique Tigre — 37
Aedes Albopictus

Hétéroptéra — 38
Heteroptère-punaise

Corythucha Ciliata — 39
Punaise Dentelle - Punaise Sycamore
Hétéroptère

Grande Sauterelle Verte — 40
Tettigonia Viridissima

La Mouche — 42
Diptera
Fly

Mouche Syrphe, Mouche à fleurs — 44
Syrphe

Libellule Vraie — 46
Odonata - Blue Dragonfly

Punaise de la pomme de terre — 48
Leptinotarsa Decemlineata
Doryphore

Coccinelle rose ou dite à Zigzag — 49
Oenopia Conglobata

Porte-Bois , Traîne-bûche — 50
Trichoptera

Coccinelle asiatique — 51
Harmonia Axyridis

Coléoptère Kangourou — 52
Sagra Buqueti

Macrodontia Cervicornis — 53

Sauterelle Géante de Malaisie — 54
Tettigoniidae Géant

Fantastiques, Étranges et Étonnants Insectes

Mantis Fleur du diable   55
Idolomantis Diabolica

Coléoptère Tortue   59
Scarabée-Tortue
Cassidinae

Criquet-Sauterelle   60

Charançon du noisetier   61
Curculio Occidentis Fibert Weevil

Scarabée Rhinocéros   62
Oryctes Nasicornis

Fourmis Rouge   63

Punaise Arlequin   64
Graphosome rayé
Graphosoma lineatum

Hanneton   65
Melolonthinae

Coup de colère   67

Et juste pour leur bouleversante beauté...   70

Decticelle Splendide

Eupholidoptera chabrieri

L'une des plus jolies sauterelles d'Europe occidentale et que l'on rencontre également au sud-est de l'Europe jusqu'en Roumanie. De couleurs vives et lumineuses la Decticelle Splendide présente un corps vert brillant, orné de marques noires réparties un peu partout. Sa belle tête est d'un jaune vif sur le dessus, orange ou vert devant avec de petites macules noires bien délimités, et parfois inversement. Le jaune vif se prolonge jusqu'au "pronotum" qui lui-même est souligné d'un orange vif.

Cette petite œuvre d'art aime les endroits boisés et un peu humides. Elle mesure de 2 à 3 cm à l'âge adulte.

Fantastiques, Étranges et Étonnants Insectes

Insecte Rameau

Bâton du diable

Ectatosoma Tiaratum

L'insecte-rameau fait partie des champions du mimétisme si semblable au rameaux auxquels il s'accroche qu'il est quasi impossible de distinguer lequel est quoi !
Son habitat naturel est situé principalement en Australie mais aussi dans certaines régions d'Afrique, et il mesure environ 12 cm. Espèce phasmidés.

Certains individus de cette espèce sont dépourvus d'ailes et se reproduisent par Parthénogénèse (terme de biologie : l'œuf n'a pas besoin d'être fécondé pour donner naissance à un nouvel animal).

Ce qui signifie que la femelle n'a nullement besoin du mâle pour assurer la reproduction de l'espèce.

Mais lorsque les choses se passent de cette façon, la descendance est généralement essentiellement composée d'individus femelles.

Les Insectes-Rameau ont une existence très précaire et n'ont que très peu de prédateur naturel. Dans le cas de danger imminent, ils peuvent, en s'enfuyant, laisser une patte à l'agresseur : celle-ci repoussera sans problème.

Le Phasme géant, découvert en Malaisie, dans les forêts de l'île de Kalimantan en 1989 est considéré comme étant le plus grand du monde. Il mesurait alors 56,7 cm. Celui de cette photo mesure 62 cm !

Ces spécimens sont rares et leur mode de vie, encore insuffisamment observé, est supposé à peu près semblable à celui des "plus petits" Insectes Rameau, ayant cependant les mêmes spécificités.

Fantastiques, Étranges et Étonnants Insectes

Pseudophyllide
Roxelana

Avouez que son camouflage est des plus réussis !
Les entomologistes appellent « homotypie » ce type de camouflage, fréquent chez les insectes.
Il mesure environ 5,5 cm et vit en général en Amérique du sud.
Les Pseudophyllides forment un groupe d'individus appelé « Sauterelle à longues antennes » et sont un exemple de ce que Mère Nature peut faire de plus parfait en matière de camouflage. La disposition des nervures de ses ailes et sa belle couleur verte, lui procurent le meilleur des déguisements...
Le mimétisme est certainement le moyen de défense le plus répandu utilisé par les insectes.
Le Pseudophyllide, pour rendre cette arme de défense aussi efficace que possible, choisi des feuilles qui lui ressemblent le plus pour se poser.

Louis Monique & Fils

CRIQUET
Caelifera

De la tête à l'extrémité de l'abdomen, le mâle mesure jusqu'à 5 cm, tandis que la femelle mesure jusqu'à 7 cm. Il vit en Inde.
Ce criquet à antennes courtes est un proche parent de la sauterelle et comme ses cousines, il a un appétit insatiable.
C'est l'un des insectes « chanteurs » les plus connus.

Le criquet à antennes courtes émet son curieux bruit de crécelle en frottant ses pattes arrière sur ses ailes antérieures et cette musique varie selon les Circonstances.
La majorité des criquets sont d'extraordinaires sauteurs. Ils se balancent à la manière d'un champion olympique, avant de s'élancer.
Le criquet est un as de la toilette, autant qu'un petit chat. Après s'être lavé soigneusement, il se sèche en se frottant la tête sur le sol.
Seul son camouflage naturel fait office d'arme de défense, mais malgré cela ses chances de survie restent minces. En effet, de nombreux prédateurs, tels les oiseaux, reptiles et autres animaux, le considèrent comme un mets royal ! L'homme aussi le consomme avec délectation…

Fantastiques, Étranges et Étonnants Insectes

Fourmi Soldat
Cephalote Texanus

Cette très curieuse espèce de fourmi a la particularité de s'accaparer les galeries forées par d'autres insectes, autant dire que sans vergogne, elle s'approprie l'habitat d'autrui !
La petite sans-gêne ne creuse jamais de nid...
On la localise au Texas ainsi qu'au Mexique.

Elles ont la tête formée d'un bouclier circulaire très robuste et qu'elles utilisent de façon ingénieuse pour bloquer l'entrée du nid de façon à ce qu'elle soit toujours maintenue fermée et se relayant constamment, d'où le nom de "Soldat".
En complément de ce disque céphalique, se trouve sur le dessus du thorax une carène dentelée. La fourmi, l'appuyant par pression sur la paroi supérieure de la galerie à l'aide de ses pattes, améliore ainsi le blocage de l'entrée du nid
Leurs antennes, situées à l'arrière du bouclier, sous les yeux, sont protégées.
Ce phénomène d'adaptation morphologique pour bloquer l'entrée du nid et son comportement remarquable, est appelé "Phragmose".
L'entomologiste suisse Félix Santschi a été le premier à le décrire et le nommer en 1919.

Louis Monique & Fils

Fulgore à Queue de Cire
Lystra

Les **Fulgoridae** forment une très grande famille d'espèces d'insectes particulièrement abondante et d'apparence variée, présente partout dans le monde.
Certains Fulgores tropicaux sont de très grande beauté et n'ont rien à envier à celle des papillons.
Les agriculteurs et autres exploitants agricoles les considèrent comme étant extrêmement nuisibles.
Parmi eux, beaucoup sécrètent un liquide sucré dont raffolent les fourmis et autres petits gourmand de ce petit monde…
Celui représenté ici avec ses ailes déployées mesure entre 5 et 6 cm . Le Fulgore à queue de cire a le corps prolongé de magnifiques rubans de cire blanche qui tombent périodiquement, à la grande joie aussi de certaines chenilles de papillons qui s'en font un délice.

Punaise à pattes en forme de feuilles
Coreidae

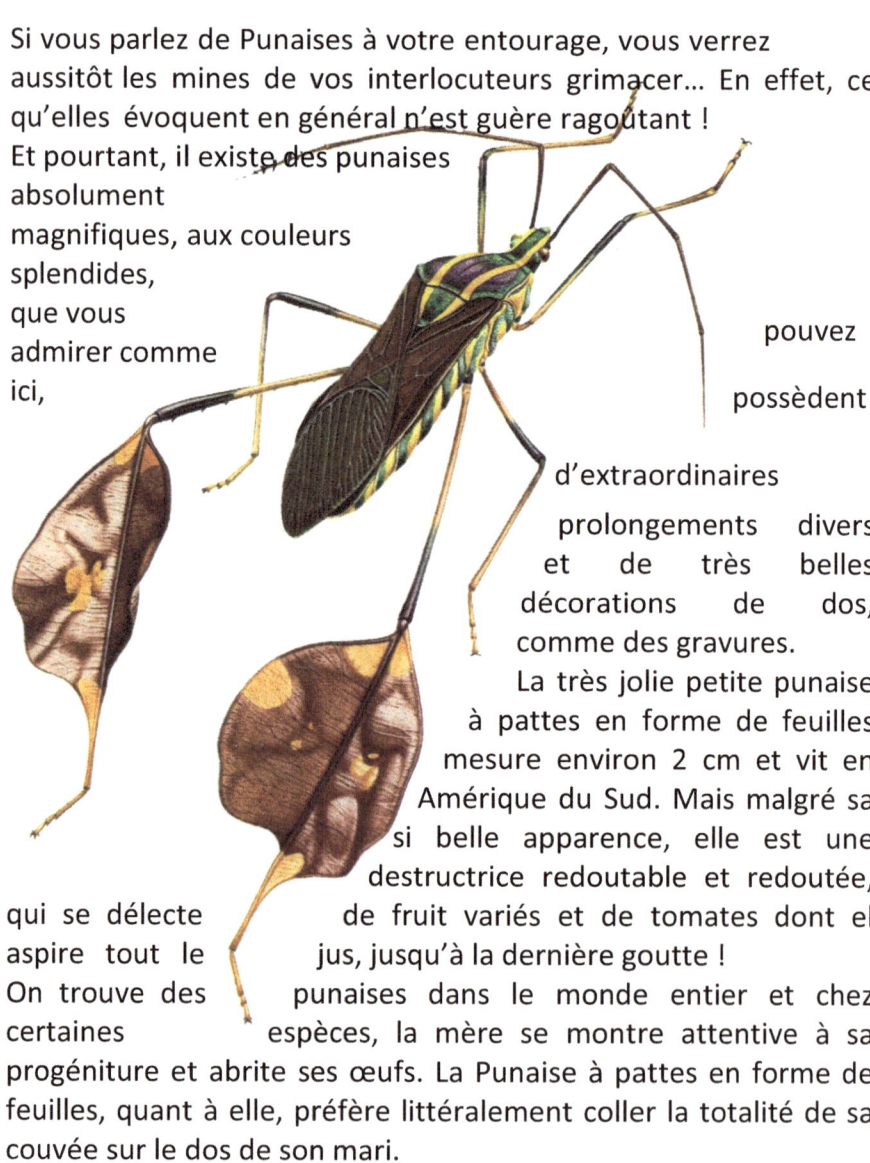

Si vous parlez de Punaises à votre entourage, vous verrez aussitôt les mines de vos interlocuteurs grimacer… En effet, ce qu'elles évoquent en général n'est guère ragoûtant ! Et pourtant, il existe des punaises absolument magnifiques, aux couleurs splendides, que vous pouvez admirer comme ici, possèdent d'extraordinaires prolongements divers et de très belles décorations de dos, comme des gravures.

La très jolie petite punaise à pattes en forme de feuilles mesure environ 2 cm et vit en Amérique du Sud. Mais malgré sa si belle apparence, elle est une destructrice redoutable et redoutée, qui se délecte de fruit variés et de tomates dont el aspire tout le jus, jusqu'à la dernière goutte !

On trouve des punaises dans le monde entier et chez certaines espèces, la mère se montre attentive à sa progéniture et abrite ses œufs. La Punaise à pattes en forme de feuilles, quant à elle, préfère littéralement coller la totalité de sa couvée sur le dos de son mari.

Louis Monique & Fils

Courtilière ou Taupe-Grillon
Gryllotalpa gryllotalpa

Un aspect digne d'un film d'horreur, non ? L'énergique et puissant Taupe-Grillon est l'un des représentant les plus intéressants de la famille des grillons et aussi le plus grand d'Europe.

L'insecte, adulte, mesure de 2 à 5 cm en moyenne mais peut atteindre jusqu'à 10 cm de long...

C'est un insecte fouisseur relativement gros vivant en milieu relativement humide, de la tourbière au potager humide ou encore dans les marais, prairies inondables etc. L'insecte ne contourne pas les obstacles végétaux, il préfère les découper !

Le nom français « courtilière » dérive de « courtil », petit jardin en ancien français.

Son mode de vie discret est nocturne et en tant que fouisseur,

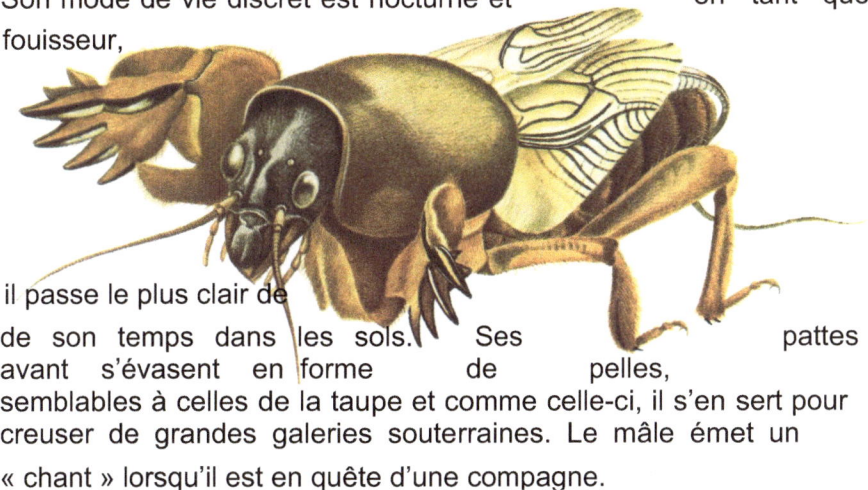

il passe le plus clair de de son temps dans les sols. Ses pattes avant s'évasent en forme de pelles, semblables à celles de la taupe et comme celle-ci, il s'en sert pour creuser de grandes galeries souterraines. Le mâle émet un « chant » lorsqu'il est en quête d'une compagne.

Au printemps, la femelle dépose ses 200 à 300 œufs dans une profonde et confortable nursery préparée par ses soins.
Le cycle de reproduction dure 2 à 3 ans, période semblant nécessaire à un bon et plein développement des larves.
En revanche, la durée de vie moyenne de la Taupe Grillon est d'une année à peine.

Fantastiques, Étranges et Étonnants Insectes

Sauterelle des cocotiers

Pseudophyllanax Imperialis

Cette sauterelle est le plus gros insecte de Nouvelle-Calédonie.

Elle peut mesurer jusqu'à 15cm de long pour une envergure de 20cm et parfois jusqu'à 30 cm de long.
Elle est de couleur vert clair, imitant le vert des feuilles du Cocotier dont elle se nourrit exclusivement.

Elle aime aussi déguster les feuilles de palmier et de bananiers.
Cet insecte peut causer quelques ravages sur ces plantations.

Le Frelon
Vespa Crabo

Ce frelon d'Europe ressemble à la guêpe commune mais est deux fois plus gros.
C'est l'un des plus féroces prédateurs du monde des insectes car pour satisfaire un appétit insatiable, il n'hésite pas à dévorer mouches, guêpes, abeilles, araignées, libellules, chenilles,

sauterelles, larves, mais aussi matière carnée abandonnée, fruits, sucs végétaux...
C'est la femelle qui se montre la plus agressive. Les ouvrières mesurent de 1,8 à 2,5 cm, à l'exception de la reine qui atteint jusque 3,5 cm. Chaque printemps, elle fonde une nouvelle colonie atteignant pour un seul nid, environ 5 000 individus. Plus la saison chaude est longue, plus le nid grandi.
La plupart des individus ne survivent pas au premier froid, à l'exception des jeunes reines fécondées.
Attention, même si sa piqûre n'est pas mortelle (sauf pour les allergiques), aï aï aï , ça fait très mal !

Dynaste Hercule des Antilles
Dynastes Hercules

Le plus grand des scarabées (mâle) du monde, voire l'un des plus grands insectes, cependant ex-æquo avec le Titanus giganteus. La femelle, comme souvent chez les insectes, est bien moins impressionnante, ne possédant pas la magnifique corne du mâle et étant de couleur plus terne et foncée.

Il mesure de 6 à 19 cm. L'envergure de leurs ailes, déployées atteint les 22 cm. Sa couleur est variable, selon le degré d'humidité dans l'atmosphère.

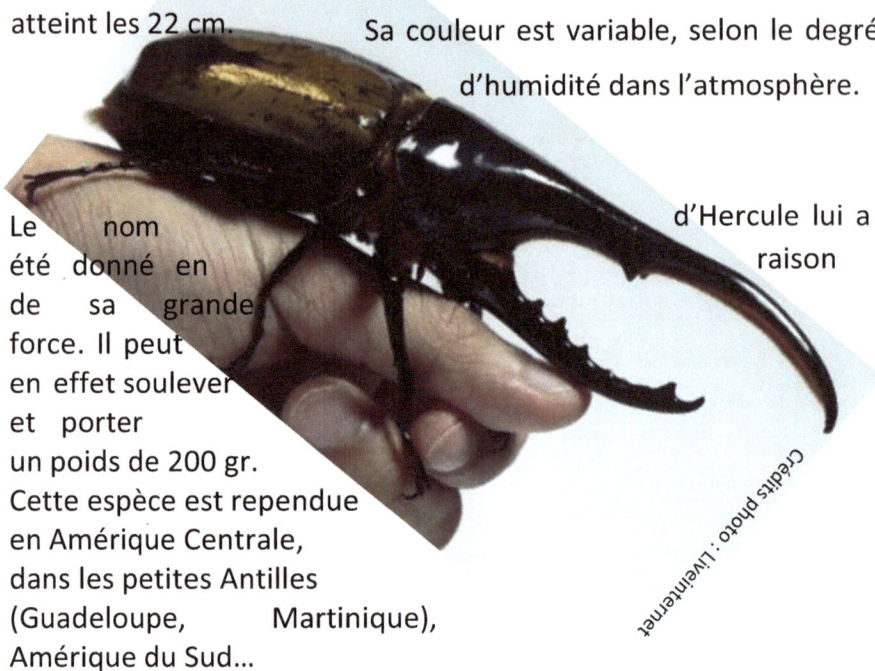

Le nom d'Hercule lui a été donné en raison de sa grande force. Il peut en effet soulever et porter un poids de 200 gr. Cette espèce est rependue en Amérique Centrale, dans les petites Antilles (Guadeloupe, Martinique), Amérique du Sud…

Crédits photo : Liveinternet

Uranie Crésus

Chrysiridia Croesus

Ce papillon de nuit, d'une exceptionnelle beauté vit dans les régions tropicales d'Amérique du Sud et en Afrique.

Taille : 8,5 cm d'envergure. Il a l'étrange particularité de voler pendant le jour... comparativement aux papillons de jour, il se différencie par un comportement essentiel ; il déploie complètement ses ailes lorsqu'il se pose ou les replie sur son corps. Ce qu'un papillon de jour ne fait jamais. Lui, en effet, relève ses ailes en les serrant l'une contre l'autre et aussi il possède au bout de ses antennes de petites massues que l'on ne trouve pas chez le papillon de nuit.

De nombreux entomologistes le considèrent comme l'un des plus beaux papillons de nuit.

Il a de merveilleuses couleurs irisées et c'est lorsqu'il est au repos, les ailes largement déployées que sa beauté est la plus resplendissante.

Fantastiques, Étranges et Étonnants Insectes

La Mante
Gongylus Gongylodes

Il existe environ 2 000 espèces de Mantes. Le saviez-vous ? Celle représentée ici vit en Inde et au Sri Lanka.

Ce bel insecte, également connue sous le nom de mante violon errante , mante ornée ou mante rose indienne est caractérisé par un corps en for enforme de violon. Des membres extrêmement minces avec de gros appendices. Il peut atteindre des tailles allant jusqu'à 11 cm et les mâles de cette espèce sont capables de voler. Très doué pour le mimétisme, il prend à la perfection l'aspect d'une brindille.

C'est une espèce commune dans la mesure où elle vit et se reproduit en grands groupes, sans cannibalisme inutile. La Mante se nourrit principalement d'insectes volants.

Ce n'est pas une espèce particulièrement agressive, contrairement à certaines Mantes féroces plus connues et est souvent considérée comme animal de compagnie par quelques amateurs.

Callithée
Callitarea

Cette merveille fait partie des insectes les plus beaux du monde. Il vit au Brésil et en Amazonie. Il atteint les 7,5 cm d'envergure, et son envol offre un spectacle inoubliable.

Les espèces Tropicales sont très colorées et les chenilles elles-mêmes sont orangées ou rougeâtres.

Leurs splendides ailes transparentes possèdent des « yeux » qui servent à détourner les éventuels agresseurs et leurs couleurs magnifiques effraient leurs ennemis.

Source : Flirk.com

Source : Pinterest.fr

Les œufs sont parfois rouges, parfois bleus mais la plupart du temps sont verts.

Fantastiques, Étranges et Étonnants Insectes

Les étonnants Membracidés

Ces agiles petits insectes vivent surtout en Amérique du sud et dans les régions tropicales. Ils mesurent généralement en dessous de 2 cm

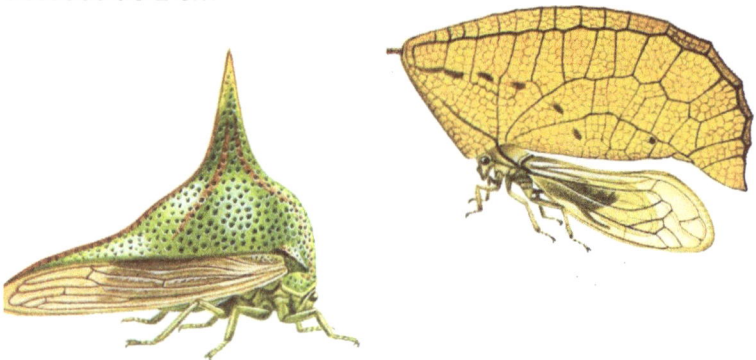

Il en existe de très nombreuses espèces, présentant tous de bizarres excroissances.

Ils appartiendraient à la famille des cigales...

En dehors de leur impressionnante armure, ces espèces ont développé tout un tas de ruses pour se protéger des prédateurs. Certaines arborent des couleurs vives pour signaler une pseudo-toxicité.

Elles usent aussi du mimétisme pour se fondre dans le décor, ou d'un camouflage chimique pour brouiller les pistes. D'autres fournissent du miellat, liquide sucré sécrété à partir de la sève des plantes, à des fourmis en échange de leur protection. Imparable !

Malgré leur minuscule taille, ils savent se défendre.
Ils portent d'imposants boucliers au niveau du thorax, qui prennent la forme d'un casque muni de pointes, de cornes ou de sphères atypiques. Pour ajouter à leur allure singulière, ils possèdent une trompe munie de deux stylets, avec laquelle ils siphonnent la sève des plantes.

Ces insectes sont connus pour leur grande attention concernant les soins prodigués à leurs œufs ainsi qu'aux larves, mais aussi pour leur incroyable faculté à réaliser des sauts absolument impressionnants.

Les femelles veillent sur œufs et larves en ayant, face à un prédateur, des comportements agressifs tels que coups de pattes, mouvements rapides du corps, écartement des ailes, vibrations ou émission de phéromones d'alerte.

Fantastiques, Étranges et Étonnants Insectes

Sources : passion-enthomologie.fr

Louis Monique & Fils

Papillon géant dit de la Reine Alexandra

Troides Alexandrae

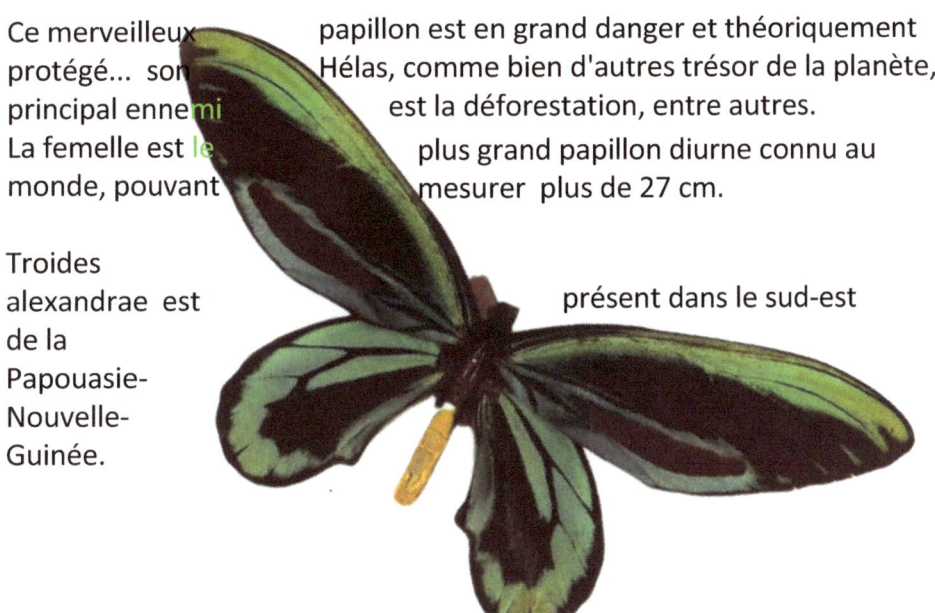

Ce merveilleux papillon est en grand danger et théoriquement protégé... son Hélas, comme bien d'autres trésor de la planète, principal ennemi est la déforestation, entre autres. La femelle est le plus grand papillon diurne connu au monde, pouvant mesurer plus de 27 cm.

Troides alexandrae est présent dans le sud-est de la Papouasie-Nouvelle-Guinée.

Il vit dans la région de Popondetta, dans le canopée de la forêt primaire, sur 250 km2, sa distribution est donc très localisée.

Fantastiques, Étranges et Étonnants Insectes

Coccinelle noire à deux points
Coccinellidae Adalia Bipunctata
Bête à Bon Dieu

Connaissez-vous la coccinelle noire à deux points ? La plus commune est rouge à deux points.
Environ 6000 espèces de coccinelles sont réparties dans le monde.
Celle-ci en particulier se rencontre dans l'hémisphère Nord.
Adalia bipunctata est noire surtout dans le nord de son aire où cette particularité facilite la récupération de chaleur.
Comme toutes les coccinelles, son apparence si mignonne et sympathique cache une nature plutôt vorace.

Dans leur monde miniature, les coccinelles et leurs larves sont des ogres insatiables et leur appétit ne connaît pas vraiment de limite.
Elles n'hésitent pas à s'attaquer, par exemple, à une limace, procédant en groupe pour la dévorer.

Comme nous le savons, ces jolies bestioles ont un rôle crucial, comme tous les insectes, dans le système de biodiversité et rendent de précieux services en terme de lutte biologique localisé dans les programmes naturels contre les pucerons, cochenilles et autres.

Savez-vous qu'il existe des coccinelles à deux, cinq, dix, quatorze, vingt-deux et même vingt-quatre points ?
Et contrairement à une certaine croyance populaire, les point n'indiquent absolument pas l'âge de cette charmante amie.

BRINTHIDAE
AMORPHOCEPHALUS

La ligne finement profilée du Brinthide tient essentiellement à ce nez, démesurément allongé, comme une trompe et terminé par l'orifice buccal.

On peut le rencontrer un peut partout dans le monde. Sa taille est d'environ 8 cm.

La trompe de la femelle est plus développée afin qu'elle puisse percer le bois pour y déposer ses œufs.

Aucun chêne, si dur soit-il, ne saurait empêcher le Brinthide de transpercer son bois pour la ponte des œufs.

Famille des coléoptères

Fantastiques, Étranges et Étonnants Insectes

Cerf-Volant Girafe
Cladognathus Giraffa

Le nom de ce coléoptère vient de la ressemblance de ses mandibules avec les bois d'un cerf.

Il vit essentiellement sous les tropiques et mesure 10 cm pour les mâles, et jusqu'à 6 cm pour les femelles.

Ses mâchoires impressionnantes semblables à des bois, atteignent environ la moitié de sa longueur totale et lui servent à broyer sa nourriture et à se battre contre ses propres congénères, le plus souvent.

La femelle cherche des arbres en décomposition pour y déposer ses œufs.

Les larves mettent 5 à 6 ans pour atteindre leur maturité et leur taille ainsi que leur force, dépendant entièrement de la qualité de la nourriture absorbée durant cette longue période.

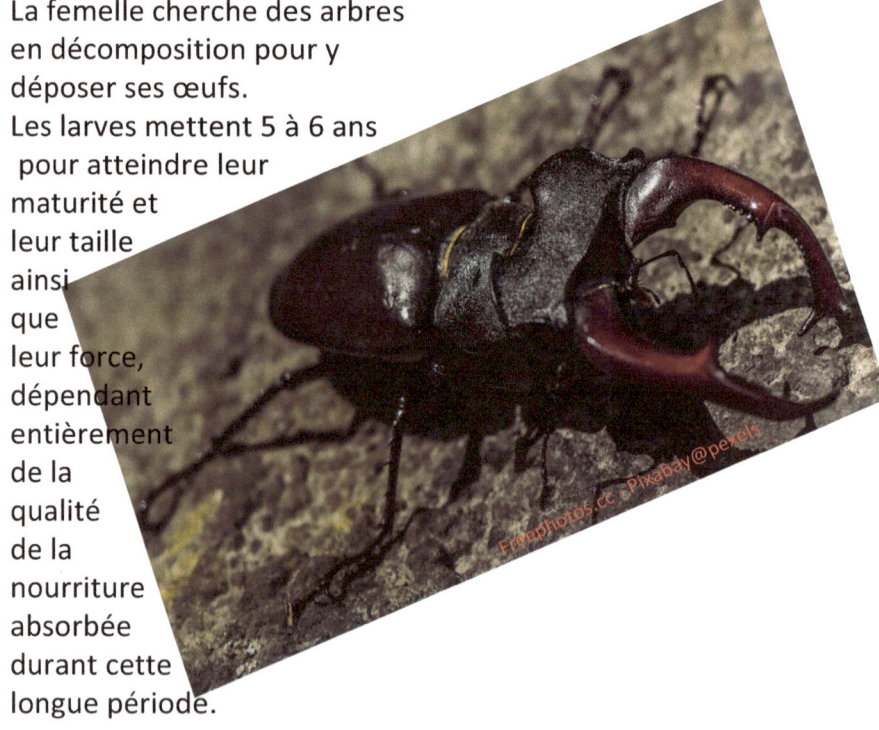

Abeille Orchidées
Euglossini

Il semblerait que l'on doive aux seules espèces Euglossa Viridissima la fécondation naturelle des orchidées lianescentes tropicales du genre Vanilla. Elles vivent principalement dans les forêts tropicales d'Amérique.

Les abeilles à orchidées aux couleurs chatoyantes, produisent du miel grâce à la pollinisation des orchidées. Ce miel est parfumé, très riche en minéraux et essences aromatiques, et a un pouvoir cicatrisant. Ces abeilles volent d'orchidée en orchidée à la recherche de parfum.

Les pattes arrières du mâle présentent des bourses conçues pour collecter et stocker la récolte. Il y déposera ainsi les parfums des orchidées, en cherchant les plus subtils et délicats, durant toute sa vie.
Il est dit que, lors de la période de reproduction, le mâle relâche dans l'air toute sa collection de fragrances.
La femelle choisirait alors le mâle dont le parfum sera le plus complexe, le plus élaboré, le plus séduisant...

Phyllie
Phyllium

La faculté de mimétisme de ce joli insecte est si étonnante qu'il est presque impossible de le distinguer des feuillages dont il se nourrit et dans lesquels il passe le plus clair de son temps.
À tel point qu'il lui arrive de se faire mordre par un autre insecte mangeur de feuilles !

Si habilement déguisé pour assurer sa propre protection, il est pourtant peu répendu. On le rencontre en Asie méridionale, en Inde, en Australie, en Chine, en Afrique.

Il est relativement rare car se reproduisant très lentement.

Les œufs, qui ressemblent à de minuscules graines, mettent six mois avant d'éclore.

Sa taille est d'environ 10 cm, sachant que la femelle est de taille supérieure à celui du mâle. Mais celui-ci est capable de voler alors que la femelle ne le peut pas...

Comme la plupart des Phasmes, il n'est pas farouche et se laisse facilement élever par l'homme, comme un animal de compagnie.

Scarabée doré (Resplendens)

Chrysina aurigans

Une couleur unique au monde ! Pour ce coléoptère qui semble sculpté dans de l'or massif, il intrigue toujours autant les scientifiques.
Cette apparence splendide serait due à une structure unique de son exosquelette.
La pureté et l'unité de sa couleur fascine depuis des siècles et reste encore mystérieuse.

Ce bel insecte vit dans les forêts d' Amérique du Sud, région du globe qui regorge de scarabées aux couleurs plus étonnantes les unes que les autres qui leur valent le surnom de "bijoux vivants".
Il faut savoir que les scarabées étaient vénérés et sacrés dans l'Égypte antique.

Fantastiques, Étranges et Étonnants Insectes

Abeille géante de Wallace

Megachile Pluto

Impressionnante abeille, la plus grosse du monde !
Voyez sa taille gigantesque, comparée à l'abeille classique domestique.
Elle mesure 6 cm, la taille d'un pouce humain !

C'est une espèce rare et classée comme vulnérable, qui ne vit qu'en forêts tropicales humides et de basses altitudes d'Indonésie, sur quelques îles des Moluques du Nord.
Découverte en 1858 par le brillant Alfred Russel Wallace, ami de Charles Darwin.
Localement, l'abeille est dénommée
"o ófungu ma kóana ou raja ofu", signifiant Roi des abeilles.
Elle fut considérée comme étant probablement éteinte pendant plus d'un siècle car aucun naturaliste ou informateur local ne l'a ensuite plus jamais aperçue jusqu'en 1981... Puis de nouveau observée et étudiée en 2019.
Cette abeille particulière possède d'immenses mandibules tridentés à leur sommet, à la manière d'un coléoptère.
Tous les nids de Megachile pluto découverts se situent dans des termitières actives.
Ces deux espèce cohabitantes semblent être en symbiose contre les prédateurs éventuels et se complètent pour divers travaux.

Sphinx Tête de Mort

Acherontia Atropos

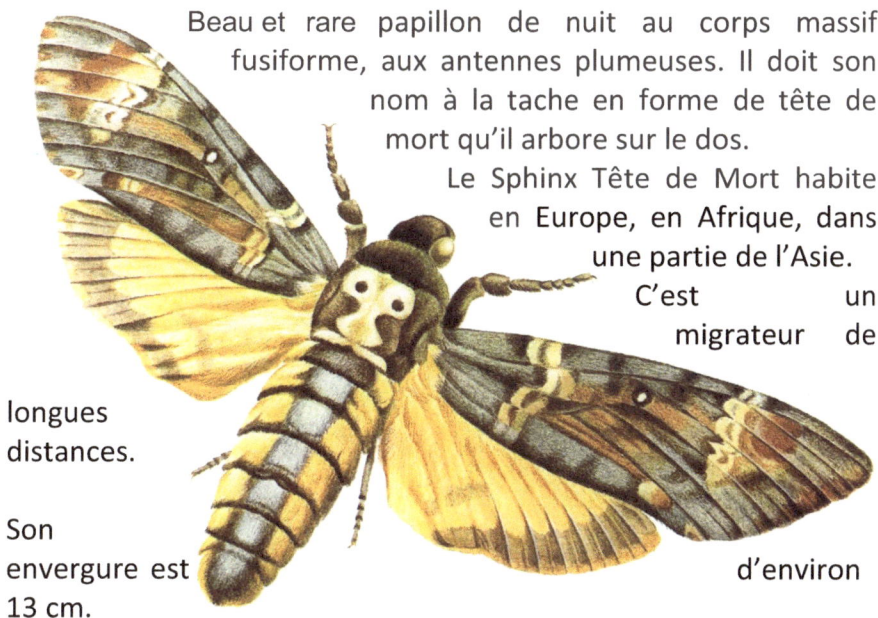

Beau et rare papillon de nuit au corps massif fusiforme, aux antennes plumeuses. Il doit son nom à la tache en forme de tête de mort qu'il arbore sur le dos.

Le Sphinx Tête de Mort habite en Europe, en Afrique, dans une partie de l'Asie.

C'est un migrateur de longues distances.

Son envergure est d'environ 13 cm.

Alors que la plupart des papillons de nuit n'émettent pas le moindre son, lui pousse des cris très sonores, on peut s'en rendre compte quand on l'attrape à la main. Le cri produit ressemble à un couinement de souris et peut être audible jusqu'à une quarantaine de mètres. Ce joli spécimen adore se délecter de miel en perçant les gâteaux de miel dans les ruches.

Il détecte les ruches et pénètre à l'intérieur par le trou d'envol. Bien protégé par son pelage et ses écailles, insensible au venin, il est capable, en faisant vrombir ses ailes, de se débarrasser des abeilles qui défendent leur ruche. Il butine aussi certaines fleurs, comme les fleurs de jasmin.

L'Éphémère

Ephemeroptera

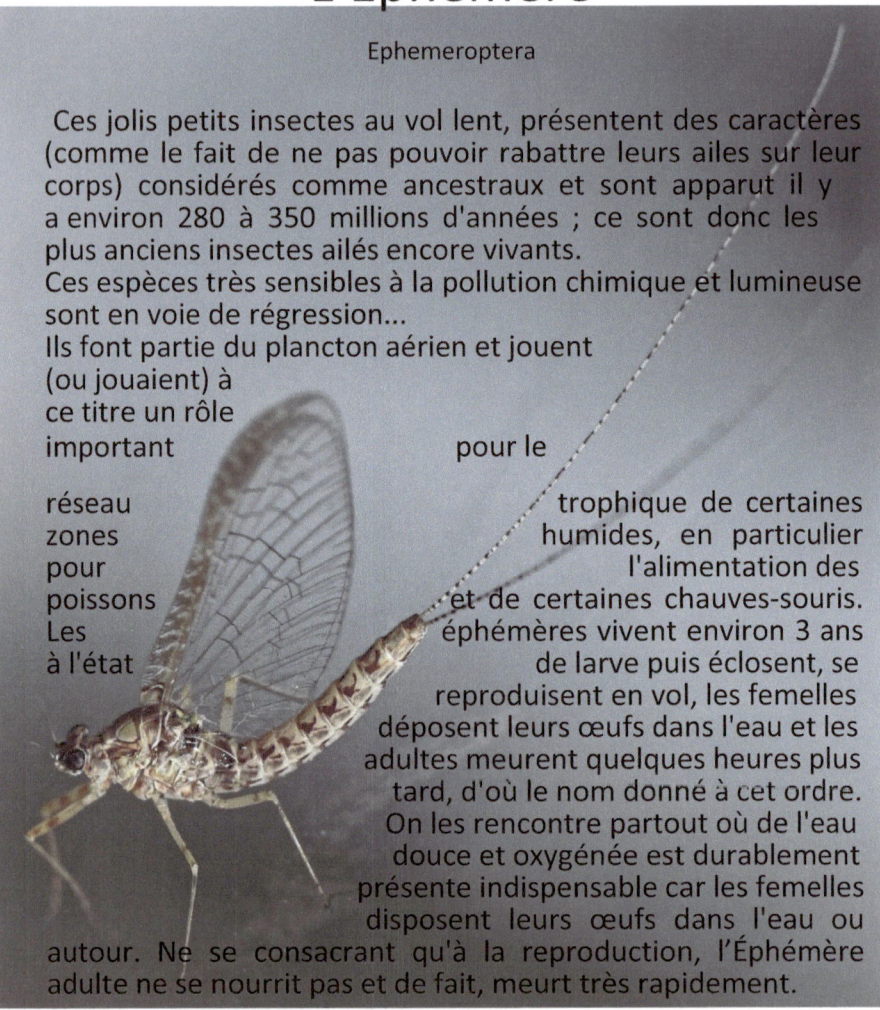

Ces jolis petits insectes au vol lent, présentent des caractères (comme le fait de ne pas pouvoir rabattre leurs ailes sur leur corps) considérés comme ancestraux et sont apparut il y a environ 280 à 350 millions d'années ; ce sont donc les plus anciens insectes ailés encore vivants.

Ces espèces très sensibles à la pollution chimique et lumineuse sont en voie de régression...

Ils font partie du plancton aérien et jouent (ou jouaient) à ce titre un rôle important pour le réseau trophique de certaines zones humides, en particulier pour l'alimentation des poissons et de certaines chauves-souris. Les éphémères vivent environ 3 ans à l'état de larve puis éclosent, se reproduisent en vol, les femelles déposent leurs œufs dans l'eau et les adultes meurent quelques heures plus tard, d'où le nom donné à cet ordre. On les rencontre partout où de l'eau douce et oxygénée est durablement présente indispensable car les femelles disposent leurs œufs dans l'eau ou autour. Ne se consacrant qu'à la reproduction, l'Éphémère adulte ne se nourrit pas et de fait, meurt très rapidement.

Image : Denis Douchan de Pixabay

Cétoine des Tropiques
Cherlorrhina Polyphemus

Cette espèce vit en Afrique Occidentale et fait partie des plus jolis Coléoptères. Il mesure de 3 à 7,5 cm.
Le mâle se distingue par son nez en forme de trompe en Y.
Les diverses espèces présentent de grandes variations chromatiques, souvent d'une couleur vert métallisé plus ou moins vive, elle est parfois teintée de rouge, de jaune, rarement de bleu, de violet ou de noir.
Les Coléoptères, que l'on peut trouver un peu partout sur la planète, sont presque tous capables de voler.

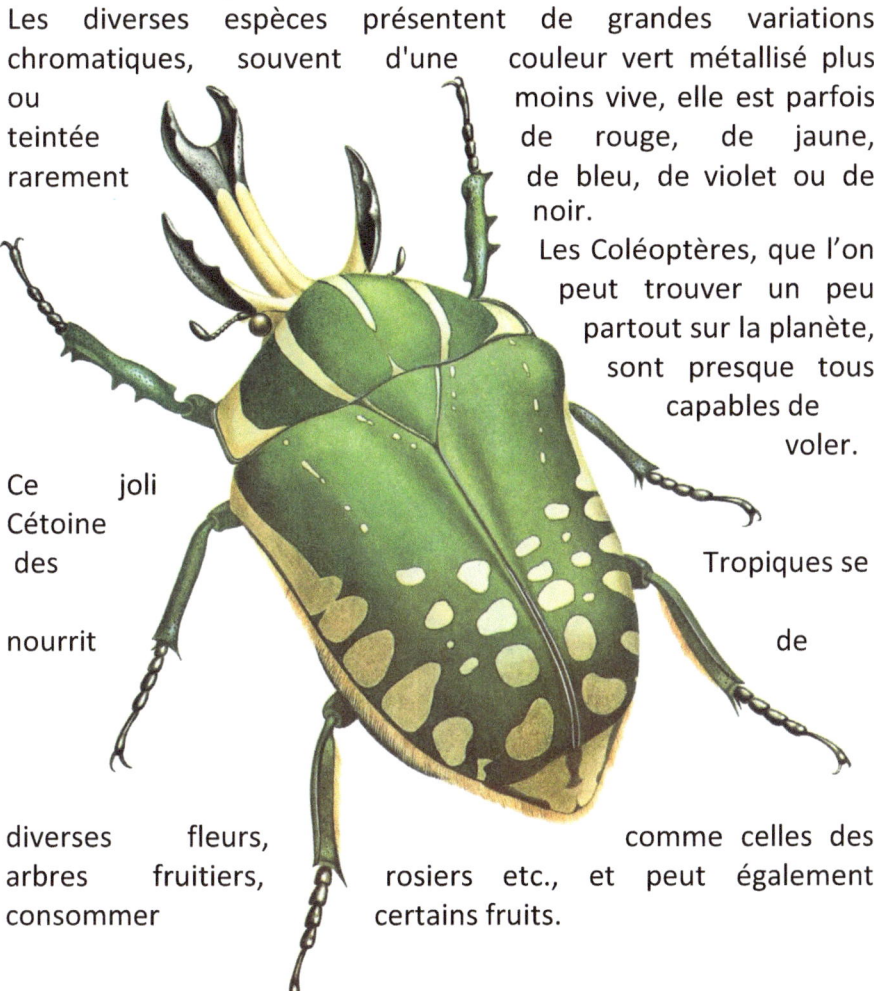

Ce joli Cétoine des Tropiques se nourrit de diverses fleurs, comme celles des arbres fruitiers, rosiers etc., et peut également consommer certains fruits.

Papillon hermine blanche

Cerura Erminea

Espèce peu commune de papillon nocturne lépidoptère, ordre d'insectes "holométaboles", dont l'habitat est réparti à travers les bois d'Europe.
L'envergure atteint parfois jusqu'à 70 mm mais en moyenne, chez le mâle est de 25 à 30 mm, la femelle est légèrement plus grande, 30 à 35 mm. Période de vol d'avril à juillet.
Sa préférence va aux zones relativement humides ou à proximité de cours d'eau.

Source photo : Buzger

Les œufs minuscules sont déposés sur les feuilles nourricières, de 150 à 200 par ponte. Leur forme lenticulaire est peu orthodoxe et en leur centre de dessous, on peut observer un 'point de colle' assurant la bonne tenue des œufs sur le feuillage.
La couleur est différente dessus, où elle tire vers l'orangé, et dessous où elle est gris-verdâtre.
L'incubation est de l'ordre de 8 à 12 jours.

Le Moro Sphinx ou Sphinx Colibri
Sphinx du caille-lait ou oiseau-mouche

Macroglossum stellatarum

Il s'agit d'un étonnant insecte diurne d'une extrême rapidité et d'une grande précision de déplacements de fleur en fleur.
C'est un petit Sphingidae brun beige au corps trapu, famille des papillons, et possédant une longue trompe pour butiner.
Sa gourmandise préférée étant le Gaillet (Caille-lait), il se délecte aussi de toute sortes de fleurs.
Ce petit insecte est un migrateur qui vit principalement dans des zones tempérées les plus chaudes comme Eurasie, Afrique, Portugal, Espagne, Italie, toutes les régions de France durant les saisons chaudes. Il n'est pas rare de l'apercevoir au jardin, dans des buissons ou dans les prés.
Son vol est d'une précision et d'une rapidité peu communes.
Il peut atteindre 50 km/h, pour 40 km/h de moyenne, ce qui le place parmi les papillons les plus rapides.
Comme on peut le voir, ce joli spécimen d'insectes se comporte à la manière du Colibri, butinant en vol stationnaire.
Il mesure jusqu'à 5 cm environ. Ce grand migrateur, nous arrive principalement du Maghreb, et sa descendance s'ajoute à celle des "sédentaires" qui s'observent de plus en plus fréquemment, conséquence semble-t-il du réchauffement climatique.
L'espèce peut ainsi donner deux générations, une partie de la seconde pouvant hiverner à l'état de chrysalides, et l'autre entreprendre une migration inverse, sorte de "retour aux sources".

Rhysse Femelle
Rhyssa Persuasoria

La Rhysse est l'une des plus grandes guêpes de la famille des « Ichneumons ». Elle mesure 3 cm...

On la trouve surtout en Europe et principalement dans les forêts de pins.

Le saviez-vous ? Ce si délicat insecte est capable de percer le bois !

La Rhysse se met à voleter dans tous sens par-ci par-là, trouver un arbre par des larves de Quand enfin trouvé, les jusqu'à habité Sirex. elle l'a elle perce le bois, de son

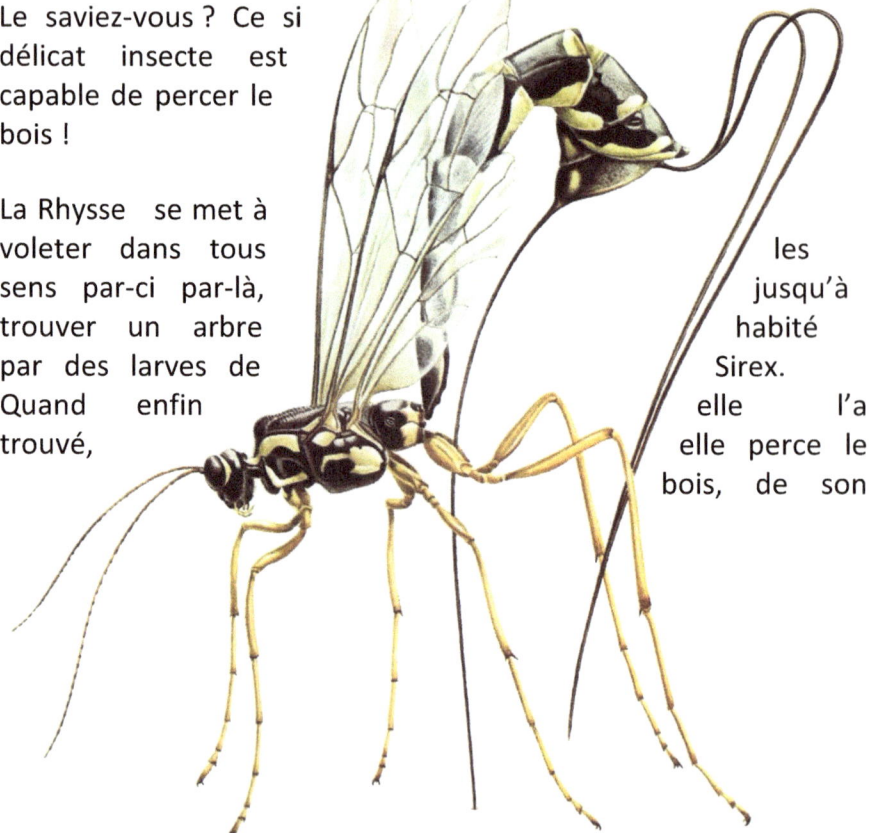

long« ovipositeur » acéré et pond un œuf sur la larve. Ainsi, sa propre larve tirera, en grandissant, sa substance, de la larve du Sirex.

Au moment de la ponte, les femelles adoptent un étrange comportement parasitaire. En revanche, les forestier les remercient de ce travail car les larves de Sirex sont des plus nuisibles à la croissance et la vie d'un arbre !

Louis Monique & Fils

La Mante Orchidée, splendeur de la nature

Hymenopus Coronatus

D'une beauté saisissante avec ses pattes en forme de pétale et son corps imitant parfaitement une fleur d'orchidée. Un mimétisme pour le moins "confondant"...

Elle est originaire de la foret tropicale de Malaisie (Asie du Sud-Est)

Fantastiques, Étranges et Étonnants Insectes

Fourmi Panda

Euspinolia militaris

J'ai la morphologie approximative de la fourmi, je ressemble incroyablement à une fourmi, mais je ne suis pas une fourmi !

Ce charmant petit insecte de 3 à 4 cm de long, déguisé en Panda, est en réalité une guêpe sans aile!
Son espèce est unique et vit uniquement au Chili, dans la forêt sclérophylle de la région de Coquimbo où elle est surnommée "tueuse de vaches" en raison de sa piqûre extrêmement douloureuse.
On ne sait pas grand-chose sur ce spécimen. Curieusement cette « fourmi » charismatique est difficile à trouver. D'ailleurs, les spécimens collectés et répertoriés de cette guêpe sans ailes était hermaphrodite. Pour autant, il a été dit que 'les mâles possèdent des ailes'...

image-RenataPUG de Creativecommons

Laternaria Candelaria

Pyros Candelaria

On a longtemps pensé que sa petite trompe pouvait être lumineuse dans la pénombre, d'où son nom.
Cela lui sert à percer et extraire la sève des écorces.

Crédits : Richard Ling/Wikipédia

Ce joli spécimen de l'espèce des Cicadelles est végétarien et vit dans certaines régions de Chine.
L'on ne sait pas grand chose de plus sur cet acteur de la biodiversité, à regret.

Fantastiques, Étranges et Étonnants Insectes

Mouche Scorpion
Panorpa Communis

Ce bel insecte est inoffensif, malgré sa pince semblable à celle du scorpion chez le mâle, et servant notamment à la reproduction.
Espèce la plus commune du genre Panorpa, résidant en Europe Occidentale, espèce Eurasiatique (Relatif à l'Eurasie, ensemble géographique constitué par l'Europe et l'Asie).

Crédits : gailhampshire/Flickr

La Mouche Scorpion est carnivore et se nourrit d'autres insectes, ne craignant pas de subtiliser les prisonniers de toiles d'araignée, entre autre...

Elle est très facilement reconnaissable grâce à ses longues mandibules en forme de bec et ses 2 paires d'ailes tachetées.

Louis Monique & Fils

Moustique Tigre

Aedes Albopictus

Très reconnaissable, ce moustique très agressif est originaire d'Asie du sud-est.
Il s'agit de l'une des espèces les plus répandues au monde et fait l'objet d'une surveillance accrue car désormais, il a envahi presque tous les continents et est redouté du fait qu'il est vecteur de plusieurs maladies graves.
Les pontes se font au plus près de toute forme d'eau stagnante, même en infime quantité et l'espèce se développe majoritairement en zone urbaine, capable de coloniser une simple flaque d'eau après la pluie...
Les femelles pondent de 40 à 80 œufs par ponte et ceux-là peuvent survivre

James Gathany, CDC-Wikipedia

plusieurs mois en absence d'eau, ce qui facilite leur expansion par transport commercial international. Il s'agit d'un phénomène de "dormance".
Ses facultés d'adaptations tiennent aux caractéristiques de ses œufs qui résistent à la dessiccation (action d'éliminer l'eau d'un corps), au froid et à la grande chaleur.
Sa capacité d'extension et d'adaptation sont préoccupants pour les observateurs, d'autant que sa répartition ne cesse de se modifier.
Les nombreux conseils pour s'en protéger au mieux sont donc à prendre avec le plus grand sérieux et en signaler toute présence.

Fantastiques, Étranges et Étonnants Insectes

Hétéroptéra

Heteroptère-punaise

Bien jolie, cette punaise, avec ses couleurs admirables. Hé oui ! Il s'agit d'une punaise... Ces petites choses qui nous agacent tant et qui pour de multiples raisons sont redoutées par l'homme, concernant son confort, en première ligne, la punaise de lit... Parfois, selon l'espèce (30 000), elles s'avèrent ravageuses.

La punaise hétéroptère, dite punaise vraie, mesure entre 5 et 8 mm.
Originaire d'Asie, elle recherche les endroits chauds et secs.
La majorité des hétéroptères vivent dans la nature et se nourrissent de la sève des plantes, de pucerons, acariens, chenilles...

Mais voilà, beaucoup d'entre elles, de variétés hématophages, adorent nos habitats...et notre sang...et celui des animaux ! Ne sont pas considérées comme porteuses de maladies mais leur piqûre peut déclencher allergies et irritations.
Certaines sont ravageuses pour l'agriculture. D'autres familles de punaises ne vivent que dans les lieux boisés, sous l'écorce des conifères et autres peupliers.

Louis Monique & Fils

Corythucha Ciliata

Punaise Dentelle - Punaise Sycamore
Hétéroptère

Voici une punaise absolument étonnante avec sa robe de mariée !

Cette petite coquette est originaire d'Amérique du nord et a largement colonisé l' Europe.
On dit aussi que c'est une punaise de platane, privilégiant son emplacement dans
cet arbre, particulièrement,
et différentes espèces
de Sycamores.
Cet insecte est
minuscule,
entre 3,3 et
3,7 mm.

Petra Broda-Flickr-Wikimedia CreativeCommons2.0 Publique

Sur l'avant, cachant sa tête, une sorte de cagoule appelée "vessie cervicale". Son corps est entièrement noir.
C'est une punaise "Phytophage" (qui se nourrit de substances végétales, végétarien).
Hélas c'est un insecte ravageur pour les arbres qu'il colonise.

Fantastiques, Étranges et Étonnants Insectes

Grande Sauterelle Verte

Tettigonia Viridissima

L'on rencontre cet insecte commun et très répandu, de l'Europe à la Mongolie.

La belle sauterelle verte est aussi appelée sauterelle géante. En effet, elle peut mesurer jusque 7 cm et 10 cm d'envergure!

Dès le printemps, à partir de juillet et par temps assez chaud, le mâle émet de puissants cris stridents, reconnaissables par tous.

Les fines antennes, très longues, peuvent atteindre jusqu'à trois fois la longueur du corps.

Daniel Ruprecht-CreativeCommons3.0

La morphologie des deux sexes est très comparable, le mâle étant nettement plus petit que la femelle. De plus, cette dernière est dotée d'un organe de ponte visible, qui atteint l'extrémité des élytres et est légèrement courbé vers le bas, ce qui lui vaut parfois le surnom de "sauterelle à sabre".

La grande sauterelle verte n'est pas particulièrement agressive mais peut mordre douloureusement si elle est effrayée par sa manipulation.

Elle est apte à voler, de façon très limitée et se déplace plutôt en marchant et volette en sautant.
Il s'agit d'un insecte très actif, quasi le seul à l'être, jour et nuit.
C'est une carnassière, se nourrissant d'insectes, de chenilles et larves variées et ne boude pas un peu de végétaux.
La sauterelle devrait être l'amie des agriculteurs car elle est bien connues pour se gaver de larves "doryphores"(grand ravageur de plantations) mais l'utilisation d'insecticides et autres pesticides fait qu'elles sont devenues quasi inexistantes dans les zones d'agriculture intensive...
Elle choisit son habitat dans les milieux ouverts de type prés, prairies, landes; broussailles, buissons, arbustes, arbres,... et parfois se plaît dans certains jardins.

Il peut y avoir une possible confusion "avec Tettigonia Cantans, la sauterelle cymbalière, (ci dessous) dont les ailes plus courtes et plus larges, ne recouvrent pas l'organe de ponte, ainsi qu'avec Tettigonia Caudata (sauterelle verte orientale) dont les fémurs postérieurs présentent des épines noires très visibles.

Et il peut arriver que la Grande sauterelle Verte.....

soit jaune ! (Yellow-green-tettigonia)

La Mouche

Diptera
Fly

Trop belles, non, les mouches ? Oui, elles sont agaçantes quand elles viennent tourner autour de nous, leurs bzz bzz dans nos oreilles, et que rien n'effraie, pas même un coup de fouet de la puissante queue des vaches... Mais voilà ! Si elles se font un plaisir de narguer tout le monde, ces énervantes ont une importance écologique et humaine considérable.

Classées juste derrière leurs amies les abeilles, ces insectes sont des pollinisateurs de la plus haute importance.

Les premiers fossiles de mouches découverts jusqu'à présent proviennent du Trias , il y a environ 240 millions d'années. L'analyse phylogénétique suggère que les mouches sont originaires du Permien , il y a environ 260 millions d'années.

La nourriture des mouches adultes provient des aliments liquéfiés... tous, les aliments liquéfiés..., ...notamment du nectar .

peuvent être une gêne, en particulier dans certaines parties du monde où elles peuvent se produire en grand nombre, se déposant sur la peau ou les yeux pour mordre ou chercher des fluides.

Les grandes mouches telles que mouches Tsé - Tsé et la Lucilie bouchère causent un préjudice économique important pour le bétail.
Les mouches ont une vie courte: par exemple, la mouche domestique adulte vit environ un mois; d'autres environ un an.

Les larves de moucherons , appelées gentillesse , sont utilisées comme appâts pour la pêche , comme nourriture pour les animaux carnivores et en médecine pour le débridement des plaies . Les mouches des fruits sont utilisées comme organismes modèles dans la recherche.

<u>Les mouches jouent divers rôles symboliques dans différentes cultures.</u>
Ceux-ci incluent des rôles positifs et négatifs dans la religion :

Dans la religion traditionnelle Navajo , Big Fly est un être spirituel important.
Dans la démonologie chrétienne , Beelzebub est une mouche démoniaque, le "Seigneur des mouches" est un dieu des Philistins.

Fantastiques, Étranges et Étonnants Insectes

Mouche Syrphe, Mouche à fleurs

Syrphe

Tout d'une apparence de guêpe, mais ce n'est pas une guêpe. Les Syrphes sont souvent confondues avec les guêpes ou les abeilles, en raison d'une apparence présentant ce que l'on qualifie de "mimétisme Batesien"
Le mimétisme Batesien est une forme de mimétisme dans lequel une espèce inoffensive a évolué pour imiter les signaux

d'alerte d'une espèce nuisible dirigés contre son prédateur. Malgré cette apparence et la difficulté de les distinguer, ils sont inoffensifs.
Ils peuvent néanmoins se distinguer sur le terrain par des caractéristiques anatomiques qui les différencient.
Contrairement aux adultes, les larves de Syrphes se nourrissent d'une variété d'aliments; certains mangent des matières végétales ou animales en décomposition, tandis que d'autres sont insectivores , mangent des pucerons , des thrips et d'autres insectes suceurs de plantes. Certaines espèces, telles que Lampetia equestris ou Eumerus tuberculatus , sont responsables de la pollinisation .
Un exemple de mouche de syrphe bien connue est la mouche à queue de rat , Eristalis tenax . Il a un siphon respirant à son extrémité arrière, lui donnant son nom. L'espèce vit dans les eaux stagnantes, telles que les eaux usées et les lagunes.

Les adultes sont souvent trouvés près des fleurs, leur principale source de nourriture étant le nectar et le pollen.
Les femelles sont capables de pondre 400 œufs en total (15-20 œufs par jour). Elles recherchent des colonies de pucerons pour y pondre leurs œufs, des nids (au milieu de diverses colonies d'espèces), afin que leurs larves aient de la nourriture en permanence pour se développer. En effet, elles dévorent les pucerons, ce qui favorise la lutte antiparasites.
Les Syrphes aphidophages sont reconnus comme des ennemis naturels importants des parasites et des agents potentiels à utiliser dans la lutte biologique.
Les larves peuvent également survivre en se nourrissant d'autres ravageurs comme l'aleurode, le thrips, l'acarien tétranyques.
Elles sont d'ailleurs très connues, utilisées comme solution naturelle et se vendent dans le commerce.
Adulte, le Syrphe mesure entre 7 et 10 mm, la femelle ayant un abdomen plus court.

Environ 6 000 espèces appartenant à 200 genres ont été décrites et rencontrées sur à peu près tous les continents.

Fantastiques, Étranges et Étonnants Insectes

Libellule Vraie

Odonata - Blue Dragonfly

Appréciées pour leur beauté, leur grande taille, leurs couleurs vives très variées, ainsi que leurs comportements charismatiques, elles sont facilement observables et vivent sur la plupart des continents.
Comme hélas beaucoup d'insectes, elles sont en voie de disparition...

www.pexel.com-photo daniyal-ghanavati

 Les libellules sont agiles, précises et inégalées au vol. Les mâles ont souvent un comportement défensif, en particulier contre d'autres mâles, surtout durant la période de ponte. Les œufs sont pondus dans l'eau ou sur la végétation près de l'eau ou dans des endroits plutôt humides.
Au repos, beaucoup d'entre elles ramènent leurs ailes le long du corps, d'autres les laissent relâchées (voir la punk (ou pink)) sur la photo ci-contre).
Cependant, certaines espèces se tiennent loin de l'eau.
Comme la plupart des insectes, elles ont des dents sur leurs mandibules et sont dites carnivores mais plus précisément insectivores, dégustant leurs proies en plein vol, comme papillons, insectes divers.

Dans l' écosystème examiné, ces élégantes sont des bio-indicateurs de la qualité de l'eau notamment dans les rivières, car elles dépendent d'une eau de haute qualité pour se développer correctement au début de leur vie.

Dans un habitat donné, tel qu'un lac, par exemple, si l'on trouve une grande variété de libellules, une grande variété similaire de plantes est généralement présente.

Fantastiques, Étranges et Étonnants Insectes

Punaise de la pomme de terre

Leptinotarsa Decemlineata
Doryphore

La mignonne est originaire d'Amérique et mesure de 6 à 11 mm de long et 3 mm de large.
Ce coléoptère vivait dans les rocheuses et s'est répandu très rapidement en régions Asiatiques et Européennes.
Il s'agit d'une espèce devenue l'un des ravageurs les plus destructeurs de cultures de pommes de terre, pouvant aussi occasionner d'importants dégâts aux cultures d'aubergines, de tomates, à tel point que durant des décennies, on a cherché sans trop de succès à l'exterminer à grand coups et coûts d'insecticides.
Jusqu'à ce que l'on constate que la narquoise a une capacité à développer rapidement une résistance aux insecticides...
Cependant, Decemlineata est une espèce emblématique qui a été utilisée comme image sur les timbres en raison de son association avec l'histoire récente de l'Amérique du Nord et de l'Europe.
Dans le Pacte de Varsovie, certains pays ont affirmé pendant la guerre froide que ces insectes avaient été introduits par la CIA dans le but de réduire la sécurité alimentaire en détruisant l'agriculture de l' Union soviétique. Une vaste campagne avait été lancée contre tous les scarabées, des affiches placées et des écoliers ont été mobilisés pour rassembler les parasites et les noyer dans le benzène...
Et afin que les esprits se souviennent de sa propagation rapide, il a même été érigée une statues de la ravageuse en Hongrie en 1947.

Louis Monique & Fils

Coccinelle rose ou dite à Zigzag
Oenopia Conglobata

Peut-être avez-vous déjà rencontré cette petite dans votre jardin ? Oui, elle est rose ! Ses points sont au nombre de seize et sont plutôt... carrés, de tailles variables.
La petite coquette vit partout en Europe, sauf dans le nord, les îles Britanniques, pas plus qu'elle ne s'aventure en Afrique du Nord ou dans les régions tempérées d'Asie.
Ce joli insecte coléoptère aime vivre dans les forêts mixtes de basse altitude et les feuillus des parcs ainsi que de nos jardins.
Principalement insectivore, elle se délecte également de larves et nectar.
Toute petite, la jolie coccinelle mesure environ 3,5 à 5 mm à l'âge adulte

Photo : Kurt Kulac - Wikimedia.org

Fantastiques, Étranges et Étonnants Insectes

Porte-Bois , Traîne-bûche

Trichoptera

Dès leur naissance, pour protéger leur corps mou et fragile, ces larves se fabriquent un tube de soie avec leur salive et s'emploient à y coller toutes sortes de matériaux (sable, petits cailloux, brindilles...), comme une armure. Celle-ci a du goût !
Joli travail d'assortiment de couleurs pour ce fourreau !
La tête, les pattes et le thorax seuls, sortent, de sorte que l'insecte se ballade avec sa "maison" sur le dos.
Il s'agit d'un insecte aquatique vivant en eau douce comme les rivières ruisseaux et autres mares et que les pêcheurs connaissent bien, qu'il s appellent "Sedge". Ramassé sous les roches, ils leur servent d'appâts pour la pêche à la mouche.
Arrivés à l'âge adulte, l'insecte possède deux paires d'ailes membraneuses couvertes de poils.
A ce stade, cette espèce est apparentée aux papillons et mites.

Louis Monique & Fils

Coccinelle asiatique

Harmonia Axyridis

Originaire de Chine, cette lumineuse coccinelle, dont la jolie couleur vive éloigne les prédateurs potentiels a été volontairement importée, dès le début du 20ième siècle et plus massivement dans les années 80 pour la lutte biologique, vers les Etats-Unis et l'Europe.
Se nourrissant de pucerons, de psylles et de cochenilles, d'une voracité plus importante que celle des espèces autochtones, il s'est avéré qu'elle s'attaquait également aux autres coccinelles locales...
Conclusion, cette beauté est désormais considérée comme nuisible. hélas pour elle...
Son comportement, sa prolificité et sa voracité en font désormais une espèce invasive nuisible pour les coccinelles autochtones qu'elle tend à éliminer.
Elle mesure de 4,9 à 8,2 mm de long et de 4,0 à 6,6 mm de large, le mâle étant plus petit que la femelle.

Andreas Trepte / www.photo-natur.de

Fantastiques, Étranges et Étonnants Insectes

Coléoptère Kangourou

Sagra Buqueti

Les Coléoptères, faciles à reconnaître, sont connus comme étant les plus nombreux parmi les insectes et les scientifiques en comptent plus de 300 000 espèces. Leur carapace brillante est formée par une paire d'ailes antérieures (élytres) repliées. Pondant des œufs, comme les papillons, il est dit que leurs larves sont nuisibles.

Certaines espèces vivent dans le sable, dans l'eau ou dans la terre.

Le Coléoptère Kangourou représenté ici, doit son nom au fait de ses très longues pattes arrière qui lui permettent de bondir avec grande agilité et qu'il saute comme un kangourou.

On situe son habitat naturel en Asie, en Afrique et en Australie. Il vit sur les plantes et est considéré comme ravageur par l'homme, malgré son bel aspect.

Il tire sa subsistance des feuilles et fleurs, comme la plupart des insectes.

Louis Monique & Fils

Macrodontia Cervicornis

Cet insecte splendide, des plus rares, est en grave danger de disparition. Il vit en Amazonie et comme tout le monde le sait, la si belle Amazonie se meurt à cause des exploitations irraisonnées de l'homme.

La consommation des larves de Macrodontioa Cervicornis par les autochtones contribue très largement aussi à l'extinction préoccupante de l'espèce.

Il figure parmi les plus rares, les plus beaux et les plus grand, car celui-ci est un géant. Il peut en effet mesurer jusqu'à 19 cm. Ses motifs magnifiques lui permettent de se camoufler dans les arbres.

Fantastiques, Étranges et Étonnants Insectes

Sauterelle Géante de Malaisie
Tettigoniidae Géant

Cette très belle sauterelle, dont le corps mesure ici jusqu'à 17 cm possède de très longues pattes, comparativement à ses cousines. Championne hors pair du camouflage, ressemblant à une verte feuille avec nervures, petits trous et parties aux couleurs brunâtres, ses pattes ressemblant à des brindilles, elle est la plus grande espèce de sauterelle verte au monde.

Bien qu'elle soit dotée de six longues pattes, elle ne saute pas et préfère se déplacer lentement, ne volant pratiquement pas.
Elle provient des forêts tropicales de Malaisie, vivant sur les feuillages et dans les sols feuillus.
De nombreux prédateurs la convoite, notamment les amphibiens, les mantes, oiseaux et autres araignées.

Mantis Fleur du diable
Idolomantis Diabolica

En Afrique de l'est, on rencontre cette Mante qui est la plus grande de Mantes Fleur. Une véritable œuvre d'art, non ? La posture menaçante que l'on voit sur cette photo est un moyen d'effrayer les prédateurs. Relevant le haut de son corps, elle montre ses couleurs les plus vives, ce qui est sensé éloigner ceux qui l'approchent de trop près. Cette Mante, à l'âge adulte, atteindra 10 cm. Le mâle a le corps plus fin et est affublé d'immenses antennes plumes.

Igor Siwanowicz photo.net

Mante Fleur du diable déployant ses ailes au décollage

Malgré leurs têtes d'Allien, les Mantes jolies ne sont pas farouches

Autre belle couleur de Mante Fleur du diable

Coléoptère Tortue

Scarabée-Tortue
Cassidinae

Ce petit insecte, ne mesurant guère plus de 9 mm a pour origine l'Afrique. On peut également l'observer sur l'île de la Réunion, à l'île Maurice et en Nouvelle Calédonie. Il se pourrait qu'il ait été rencontré en France, d'après certains, mais cela reste à vérifier. Cette sous-famille des Cassidinae ne comprend que deux espèces,

selon James Francis Stephens (1831) alors que la famille compte d'innombrables espèces.
Appelé "Petite Tortue" dans les îles de par son apparence, les élytres lui recouvrant tout le corps, le petit coléoptère est hélas en forte voie de disparition, victime principalement des pesticides.

Leur apparence est très diversifiée en terme de couleurs, passant du vert au plus rare rouge. Leur forme parfois ovoïde, parfois ronde les fait ressembler à des coccinelles.

Auteur : Vengolis CreativeCommmoons .org 4.0

Fantastiques, Étranges et Étonnants Insectes

Criquet-Sauterelle

Cette jolie bouille a été décrite par l'auteur de la photo comme étant un Criquet-Sauterelle. Nous ne savons pas grand chose de plus et de manière plus précise sur cet insecte.
Si l'on se fie à la forme longue et fine de ses antennes, caractéristiques, il faut plutôt la classer comme étant Sauterelle.

Auteur : Roos Rojas de Pixabay

En effet, le criquet, lui, faisant également partie, dans l'ordre des orthoptères, au sous-ordre des caelifères, présente des antennes courtes et épaisses.

Charançon du noisetier

Curculio Occidentis
Fibert Weevil

Il est assez aisé de reconnaître les charançons à leur tête prolongée d'un museau très long. Leurs antennes sont courtes et se terminent en forme de massue, insérées parfois au bout de leur museau, parfois plus près de la base.

Leur taille varie de 0.5 mm à environ 2 cm pour la majorité des espèces. Il s'agit d'un coléoptère. Leur couleur est variable mais la plupart sont grises, brunes ou noires.

Cet insecte se nourrit des glands de plusieurs espèces de chênes et considéré hélas, comme extrêmement nuisibles, en particulier les larves très ravageuses car s'alimentant des tissus de la plante, racines, graine, troncs, tiges etc...

Pourtant, on reconnaît que certaines espèces sont utilisées dans le but de contrôler certaines mauvaises herbes.

Lorsque le charançon se sent menacé, il se jette à terre et fait le mort en repliant ses pattes vers l'intérieur du corps.

Fantastiques, Étranges et Étonnants Insectes

Scarabée Rhinocéros

Oryctes Nasicornis

Ce coléoptère, généralement de couleur brun rougeâtre ou châtain plus ou moins foncé concernant l'espèce européenne, semble sur cette photo, avoir été observé en zone tropicale, si l'on se base à l'environnement.
Celui-ci porte en effet deux couleurs et les élytres sont claires, d'aspect non vernissé.

On peut alors supposer que son mode de vie est similaire à l'Européen qui peuple tout le bassin méditerranéen.
Ce dernier mesure de 20 à 40 mm et en fait l'un des plus gros coléoptères de ces régions.
Les femelles sont dépourvues de la grande corne. Les mâles s'en servent notamment lors des combats durant la saison des amours.

Fourmis Rouge

Il existe diverses espèces de fourmis de couleur rouge. Dans les régions francophones d'Europe, il s'agit le plus souvent de "Myrmica Rubra", ou fourmi rouge d'Europe.
Elle peuple les milieux humides et frais d'Europe et de certaines régions d'Asie et d'Amérique du Nord.

La nommée "Fourmi de feu rouge", est elle, originaire d'Amérique du Sud, mais accidentellement importée dans d'autres régions du globe comme le sud des États-Unis, l'Australie, les régions du sud-est de l'Asie.
La "Fourmi rouge moissonneuse" vit dans le sud-ouest des États-Unis et le nord du Mexique.
La "Fourmi Amazone", rencontrée surtout en Europe, dont les couleurs varient du brun-rouge au rouge-orangé selon la région.
D'autres, présentes dans les forêts de l'hémisphère nord , sont qualifiées de "Fourmi rousse des bois". Elles sont bicolores, la tête et l'abdomen étant foncés, et le thorax rouge.

La Fourmi rouge est populairement connue comme étant une fourmi qui pique. Cette particularité n'est aucunement liée à sa couleur.
L'on sait que tel est le cas de la Fourmi rouge d'Europe "Myrmica Rubra", notamment.
Mais en réalité, la fourmi ayant la piqûre la plus douloureuse est de couleur noire... Il s'agit de "Paraponera Clavata" ou Fourmi balle-de-fusil, vivant en régions néo-tropicales.

Fantastiques, Étranges et Étonnants Insectes

Punaise Arlequin

Graphosome rayé
Graphosoma lineatum

Cette jolie punaise est originaire d'Afrique du Nord. Elle a été longtemps confondue avec sa cousine européenne, "Graphosome d'Italie", jusqu'à ce que des études génétiques démontrent qu'il s'agit de deux espèces distinctes.

Lorsqu'elle est en danger, elle projette un jet liquide âcre et toxique, ce qui dissuade les prédateurs mais certains oiseaux futés, l'avalent rapidement, d'un seul trait avant qu'elle n'en ait eu le temps.
D'autres prudents
ne s'y risquent pas
et n'y touche
en aucun cas.

Nature-Pix de Pixabay

Hanneton
Melolonthinae

Ce petit insecte coléoptère est hélas inlassablement pourchassé pour éradication alors qu'il est très utile, comme tout être vivant. Certaines espèces sont considérées comme ravageuses pour les cultures mais ce qui provoquent quelques dégâts, ce sont surtout leurs larves.

Saviez-vous qu'en 1479 à Lausanne, les hannetons, ayant été accusés d'occasionner une famine dans le pays, furent cités devant le tribunal ecclésiastique ? Ils sont "excommuniés" à l'issue de ce procès d'animaux. Gloups... Au milieu du XIXe siècle avant l'invention des pesticides chimiques, il est si commun qu'on utilise les larves en Suisse pour en extraire « une huile bonne pour accommoder la salade ou graisser les machines »...

Et certains songent à faire une exploitation industrielle de l'huile qu'on peut en extraire. Le chimiste Jouglet pense qu'on pourrait "en extraire" une matière colorante jaune qui peut être appelée à faire rapidement son chemin dans l'industrie : chaque hanneton en donne quelques centigrammes. "On peu en déduire que plutôt que payer des primes pour le détruire, on l'élèvera avec toutes sortes de soins" estime l'un de ses contemporains qui ajoute qu'il peut aussi « fournir un engrais très-puissant, puisqu'il contient (d'après des analyses de M. Mène), à l'état de larve, 1,60 d'azote, et à l'état de hanneton 3,12 d'azote pour 100 parties. Chercher à l'utiliser dans des industries profitables....

Fantastiques, Étranges et Étonnants Insectes

Quoi qu'il en soit, si l'on ne l'extermine pas d'une façon, on cherchera à l'utiliser dans des industries profitables...

Les pauvres sont pourchassés depuis toujours alors qu'ils sont inoffensifs et pas du tout farouches. Si on les prend dans la main, ils ne bougent d'ailleurs plus. De plus, les hannetons n'ont ni dard, ni aiguillon.

Ils se nourrissent de feuilles et fruits de chênes, de noisetiers et de rosiers ainsi que de feuilles de bouleaux.

Ils sont aujourd'hui devenus très rares, et donc sur la liste rouge des nombreux insectes "protégés".

Ils sont, dans la chaîne alimentaire naturelle, les proies des mulots, oiseaux, hérissons et autres rapaces nocturnes.

Louis Monique & Fils

Coup de colère

Il est temps, vital et urgent de préserver et sauver nos insectes !

La première préoccupation pour se faire est de réduire l'éclairage public(!), notamment d'aires de repos avec tout ce que cela comprend, genre de lieu éclairé à profusion généralement toute la nuit, sans discontinuer, attirant les insectes déconcertés, ayant perdu tous leurs repères. Les pauvres tournent en rond jusqu'à épuisement, se faisant finalement écraser ou se noyant dans douches et toilettes, prisonniers dans tous les endroits de toutes les structures.
D'autant que la nuit, la majorité du temps, il n'y a personne ou en tout cas rarement de présence.
On peut y voir le massacre la nuit ou au matin avant que le nettoyage ne soit accompli, et ce, dans une indifférence sans nom...

Ces endroits et nombreux autres lieux pourraient être équipés de capteurs de présence pour l'éclairage de façon à limiter les dégâts sur cette faune fragile. Ce n'est pas très compliqué ni très coûteux à mettre en place ! Et vive les économies ! Certains magasins, buildings, parkings, les panneaux publicitaires devraient être équipés de minuteurs ou autres systèmes afin de ne pas laisser constamment brûler l'énergie inutilement et ainsi préserver au possible les insectes mais aussi la planète.

Constatons aussi que depuis nombre d'années, il n'y a presque plus d'insectes qui viennent se coller à notre pare brise meurtrier.
Et tout ça n'interpelle personne ??

Depuis quelques années, l'on entend souvent que les insectes seront la nourriture du futur... Gloups... Oui mais, ils sont tous en grand danger de disparition ! C'est un non-sens !
Ah ! Ce satané profit qui fait tourner les têtes et incite à tous et n'importe quels sacrifices !

Fantastiques, Étranges et Étonnants Insectes

Peut-être, les massacres perpétrés par la main de l'homme à notre planète qui fut si belle et se lamente devant nos yeux aveuglés ne sont-ils pas encore suffisants ?
Les écervelés qui se plaisent à raconter cette nourriture future ont grand besoin de légèrement réfléchir... Ce sont les insectes qui nous permettent de nous nourrir ! Pigé ? Faut-il le répéter ou le traduire ?? Et dans quelle langue ?
Nous avons été très choqués de découvrir sur Internet que désormais on trouvait à la vente, tous les insectes possibles, pour lesquels l'alerte de dissémination sur la fameuse liste rouge est donnée depuis longtemps, comme des coléoptères, des mantes, des phasmes etc... presque tout ce qui existe, quoi. Et tout le monde s'en fiche et laisse faire. Toutes ces exactions commises sans vergogne devraient être passibles de lourdes peines de prison, et l'on se retient d'en dire plus sur ce que çà mérite.

Nous imaginons le choc immense que beaucoup d'entre nous ressentent et celui des petits enfants qui un jour liront ce livre ou prendrons connaissance de ce que les précédentes générations ont fait à la Terre, au nom du nombrilisme, de l'argent, du toujours plus de profit au détriment de toute vie, bref, de la stupidité dans toute sa splendeur.

Et beaucoup trop de dirigeants qui se caressent mutuellement dans le sens du poil dans leur panier de crabes, laxistes devant le massacre. Juste capables de faire du vent avec leurs bouches, bavarder, discuter, sans jamais réagir pendant que les criminels font du profit à tout prix. Oui, je dis que ce sont des crimes contre tous les êtres vivants ou ce qu'il en reste !!! Et beaucoup devraient être déchus des fonctions qui leur ont été confiées par les peuples, leurs employeurs, qu'ils abusent sans discontinuer, ne songeant qu'à rendre encore plus riches les riches, au détriment des vies, de la vie elle-même.
Et pendant qu'ils ne font rien, ils nous culpabilisent, car enfin on le sait, c'est toujours la faute du peuple et c'est toujours au peuple de faire sacrifices et efforts alors qu'ils ne songent qu'à s'en mettre plein les fouilles ! Et tout se meurt pendant que ce vilain petit monde fait joujou au soldat, à qui aura les plus gros, les plus grands, le plus de, les plus performants, ...jouets destructeurs. Toutes ces tortures, tous ces sévices infligés aux animaux et à la flore (pour ne parler que d'eux), toute atteinte aux vies semble en laisser un grand nombre, de marbre...

Et l'intelligence débordant de leurs personnes fait que non seulement, un pied dans le vide au bord du gouffre ils sourient encore, mais se mettent un sac sur la tête pour feindre de ne rien voir...

Fort heureusement, beaucoup de gens œuvrent à leur échelle, à tenter de préserver la vie et amènent l'espoir dans les cœurs et les esprits.
Ce sont eux qui feront les grandes rivières et qu'ils soient remerciés chaleureusement. L'on voit (pour celui qui voit) de nombreuses actions admirables qui forgent l'espoir de la prise de conscience de tout un chacun.

C'est la bêtise humaine qui doit régresser radicalement, non pas les vies !Que feras-tu de tes biens matériels quand tu seras momifié toi qui fais "pffff." quand on te parle de faire attention à la nature ?
Que feras-tu lorsque toute ressource sera totalement tarie, anéantie ? Toi qui n'en a que faire ? Que te vaudra de paraître dans les livres d'histoire puisque plus rien n'aura subsisté ? Plus de trace, le néant...
Et si les braves parviennent à sauver notre planète, tu n'auras que mépris et colère devant ton misérable portrait dans le dico. Sors tes yeux de ton nombril et regarde... Ne voit que celui qui veut voir, n'entend que celui qui veut entendre.
Nous avons bien compris que toute vie est en danger.
Il est très tard, mais espérons profondément qu'il ne soit pas trop tard. Et cela commence par le respect. Le respect de tout et de tous. L'éveil des responsabilités de chacun d'entre nous.

Fantastiques, Étranges et Étonnants Insectes

Et juste pour leur bouleversante beauté...

Schwoaze de Pixabay

Louis Monique & Fils

Fantastiques, Étranges et Étonnants Insectes

Fantastiques, Étranges et Étonnants Insectes

Fantastiques, Étranges et Étonnants Insectes

Fantastiques, Étranges et Étonnants Insectes

Fantastiques, Étranges et Étonnants Insectes

Fantastiques, Étranges et Étonnants Insectes

Arifur Rahman Tushar de Pixabay

Louis Monique & Fils

Fantastiques, Étranges et Étonnants Insectes

Louis Monique & Fils

Daniel Wanke de Pixabay

Fantastiques, Étranges et Étonnants Insectes

Fantastiques, Étranges et Étonnants Insectes

NewGirl de Pixabay

Louis Monique & Fils

Lukin de Pixabay

Fantastiques, Étranges et Étonnants Insectes

Shaheen Ahmed de Pixabay

Jondolar Schnurr de Pixabay

Fantastiques, Étranges et Étonnants Insectes

Alexandra Soilemezidis de Pixabay

Louis Monique & Fils

Fantastiques, Étranges et Étonnants Insectes

À Propos des Auteurs

Monique & Frédéric Louis, mère et fils.

Parutions :

"Mes Prières pour l'Humanité"   TOME 1
Mes belles prières pour chaque jour   Sur Amazon.fr

Copyright   2019Louis Monique & Fils Auteurs
Tous droits réservés.
ISBN : 978-2-9602390-1-0
Dépôt Légal : KBR - septembre 2019 D/2019/14.727/2/
Monique et Frédéric LOUIS-Auteurs Editeurs

Louis Monique & Fils

www.ingramcontent.com/pod-product-compliance
Lightning Source LLC
Chambersburg PA
CBHW040440190426
43202CB00033B/4